Kerstin Stefanie Rothenbächer

Mein Weg zu Dir

Dieses Buch widme ich

meinem Heulerchen

Alles, was ich auf dem Herzen
habe, ist bei Dir gut aufgehoben.

Bibliografische Information der Deutschen Nationalbibliothek
Die Deutsche Nationalbibliothek verzeichnet
diese Publikation in der Deutschen
Nationalbibliografie; detaillierte bibliografische
Daten sind im Internet über http://dnb.d-nb.de
abrufbar.

ISBN 978-3-8423-2920-1

In meinen Träumen

In meinen Träumen
gibt es einen Helden,
einen rettenden Engel.

In meinen Träumen
gibt es Palmen
und Strände mit weißem Sand.

In meinen Träumen
gibt es Lieder,
die man nie vergisst.

In meinen Träumen
gibt es einen,
der danach noch existiert.

In meinen Träumen,
da gibt es Dich,
doch Du bemerkst es nicht.

Ich vorbei

Siehst Du sie jetzt an,
streichelst ihr übers Haar?
Verwöhnst und verstehst Du sie,
wie es bei uns war?

Ruft sie Deinen Namen
genauso wie ich?
Schminkt sie sich
und weint sie nicht?

Entspricht sie Deinem Traumbild,
ist sie, was Du wolltest?
Spricht sie von Problemen,
sagt Dir, was Du solltest?

Ist sie Deine große Liebe,
verletzt Du sie nie?
Hast Du mich nun vergessen,
wann vergisst Du sie?

Wie Du mich liebst

Was Du mit mir machst,
ich kann es kaum glauben.
Ich fliege so hoch,
kann es mir erlauben.

Wie Du mich berührst,
Du machst mich verrückt.
Ich schwebe so leicht
- das ist pures Glück!

Was Du mir zeigst,
ich sehe nun klar.
Du entdeckst mein Lachen,
wie ich schon immer war.

Wie Du mich liebst,
so ganz nimmst Du mich.
Deinen Traum leben
so sehr liebe ich Dich.

Aus

Aus ist so ein hartes Wort
und dennoch treibst Du mich fort.
Wie kannst Du in meinen Armen liegen
und mich im Kopf mit ihr betrügen?

Ist die Wut auch noch so schwer,
gebe ich nun alles her.
Könnte ich ihr Mörder sein,
wärst Du trotzdem nicht mehr mein.

Mit Dir war meine Welt so schön,
hätte ich euch nur nie gesehen.
Jedes Lächeln von Dir zu ihr
macht mich klein und kleiner hier.

Ich schmeiß Dich aus meinem Herzen
raus,
aber sprech es noch nicht aus.
Ich wünschte, doch ich glaube es kaum,
wäre das doch nur ein böser Traum.

Glücklich wollte ich Dich sehen,
doch mit uns wird das nicht gehen.
Mein Leben mit Dir gemeinsam führen,
diesen Kampf werde ich verlieren.

Ich bin ganz Dein

Ich höre Dir gern zu.
Du bist meine Melodie.
Fällst in mein Leben ein,
so gut ging es mir nie.

Von Dir träume ich
bei Nacht und auch bei Tag.
Hältst meine Hand,
bei Dir bin ich stark.

An Dich denke ich oft.
Meine Fantasie bist Du.
Behütest meine Seele,
egal was ich auch tu.

Zu Dir zieht es mich hin,
will nicht ohne Dich sein.
Du bist mein Glück
und ich bin ganz Dein.

Ich warte auf Dich

Komm wieder in meine Arme
in mein Leben hinein.
Meine Liebe bleibt,
warum lässt Du mich allein?

Ich warte auf Dich,
halte die Erinnerung wach.
Ich kann alles sein,
was Dich glücklich macht.

Mein Herz sehnt sich,
kann nicht ohne Dich sein.
Gehe den Weg mit mir
und ich bin ganz Dein.

Ich warte auf Dich,
halte fest an Dir und mir.
Ich wünsche mir so sehr,
Du wärst wieder hier.

Irgendwann

Die Tür ist zu
und schon bin ich allein.
Schließ die Augen,
hol Dich in meinen Träumen ein.

Der Weg führt fort,
bleiben willst Du nicht.
Und doch in mir
behalte ich Dich.

Die Zeit vergeht,
kommst nicht zu mir zurück.
Kann es nicht glauben,
wo ist mein Glück?

Die Welt dreht sich,
mal tief mal hoch
und irgendwann
krieg ich Dich doch!

Mein Traum

Die Nächte waren kalt
und Sterne gab es keine.
Und all diese Zeit
war ich so alleine.

Die Tage waren lang,
machten mich verrückt.
Und ich weiß genau,
ich will nie mehr zurück.

Die Sonne war so fern
unerreichbar für mich.
So viele Tränen
trockneten einfach nicht.

Der Mond nur ein Planet.
Wie sehnte ich herbei
meine wahre Liebe
doch nur Träumerei.

Die Fee erfüllt den Traum
und endlich ist es wahr.
Du findest mich
und bist mir nah.

Der Zauber bleibt,
hält mich immer warm.
Mein Glück finde ich
in Deinem Arm.

Leuchten

Kerzen leuchten
wie die Sterne über mir.
Tage im Schnee.
Leben im Jetzt und Hier.

Augen funkeln
blinken und glitzern schön.
Nächte in Silber,
die niemals vergehen.

Glocken klingen
kraftvoll und doch fein.
Voller Gefühl,
so muss es einfach sein.

Herzen glühen
zum ersten Mal für mich.
Die Welt erbebt:
ich finde Dich.

Du kommst, Du gehst

Du kommst, Du gehst,
ich kann es nicht fassen.
So einfach hast Du
mich verlassen.

Warum hast Du mir
den Himmel gezeigt,
wenn dann nur
Traurigkeit verbleibt?

Ich lebe den Traum
von Dir und mir
und weiß doch genau,
Du bist nicht mehr hier.

Ich weine und warte
und kann nicht verstehen:
warum habe ich nie
die Wahrheit gesehen?

Du gehst, Du kommst
das ist das Glück.
Doch mein Herz
will Dich nicht zurück.

Verzaubert

Ich wache auf,
die Sonne lacht hinein.
Ich weiß so genau,
es wird wunderbar sein.

Ich fühle mich so gut,
hatte den besten Traum.
Alles was es braucht,
um auf die Welt zu schauen.

Ich lache in den Tag
und hier komme ich!
Nichts kann mich halten,
ich stehe im Licht.

Ich drehe mich um
und Du strahlst mich an.
Ich bin so
verzaubert in Deinem Arm.

Er

Du bist lieb und nett zu mir.
Ich wünschte, er wäre es auch.
Ich bekomme viel von Dir.
Ich hoffe, es wäre sein Brauch.

Du redest und lachst mit mir.
Ich denke, er tut es Dir gleich.
Du willst nicht mal was dafür.
Ich glaube, ich würde weich.

Du bist einfach für mich da.
Ich spüre, er tut nichts dazu.
Du – bei Dir ist mir das klar,
doch er ist nicht Du.

Ich lass Dich

Ich lass Dich
meine Träume sehen
und traue Deinem Weg.

Ich zeige Dir
mein Paradies,
auch wenn es noch nicht steht.

Ich warte auf Dich
mein ganzes Leben
und lass Dich nicht mehr gehen.

Ich stehle mich
in Deinen Kopf,
nur um Dich zu verstehen.

Ich geb mein Herz
in Deine Hand
und fürchte nicht darum.

Ich nehme Dich
so, wie Du bist
und frage nicht warum.

Ich dreh die Welt
um Dich herum
und nichts bereue ich.

Ich will noch mehr
viel mehr von Dir,
denn ich liebe Dich.

Bald

Mein Herz ist verschlossen,
niemand kann in mich sehen.
Meine Wünsche verborgen,
will wieder aufrecht gehen.

Meine Hände sind leer,
niemand teilt meinen Weg.
Meine Augen geschlossen,
die Trauer in mir lebt.

Meine Gedanken sind weit,
folgen meinem Traum.
Kann ich mich nicht öffnen,
erfüllt er sich wohl kaum.

Meine Tage sind lang,
meine Nächte sind kalt.
Ich hoffe,
ich vergesse Dich bald.

Hast Du mich gesehen?

Hast Du mich gesehen,
sahst Du meine Tränen?
Bist Du denn erschrocken,
Du musst das verstehen.

Hast Du mich gesehen,
sahst Du auch mein Herz?
Kennst Du es zerbrochen?
Nein, das ist kein Scherz!

Hast Du mich gesehen,
sahst Du meine Augen?
Hasst Du diese Leere?
Das kannst Du nicht glauben.

Ich habe Dich gesehen,
doch versteck Dich nicht.
Irgendwann einmal
trifft es sicher Dich.

Manche Tage

Manche Tage sind schrecklich
jeder gegen jeden, jeder gegen mich.

Doch ich weiß genau,
es gibt Tage, auf die ich bau.

Manche Worte sind nicht zu ertragen,
ich fühle mich wie erschlagen.

Doch ich merke jeden Tag,
es gibt Worte, die ich mag.

Manche Träume wecken die Angst,
bis ich endlich hindurch gelang.

Doch ich sehe in Deinem Gesicht,
alles das zählt nicht.

Manchmal ist es so schön,
die Welt herum zu drehen.

Und ich fühle mich geliebt,
nur weil es Dich gibt.

Keine Sonne

Keine Sonne
kann Dein Lachen erreichen.
Kein Wind
so über mein Leben streichen.

Keine Träume
machen die Wahrheit schön.
Keine Stunden,
die nicht zu schnell vergehen.

Keine Wolke
macht Schweben so leicht.
Keine Welt,
die Deinen Augen gleicht.

Kein Wunder
gehört für mich dazu.
Kein Mann
so wundervoll wie Du.

Neben Dir

Ich stehe neben Dir,
und alle sehen Dich an.
Du imponierst jedem,
kriegst sie alle irgendwann.

Ich stehe neben Dir,
und dann sehe ich ihn.
Ich hoffe so sehr,
er sieht nicht hierhin.

Ich stehe neben Dir,
und er sieht nur Dich.
Ich wünschte mir,
er sähe auch mich.

Ich stehe neben Dir,
und er kommt hierher.
Ich frage mich
noch immer, wer?

Ich stehe neben Dir,
und er sieht mich an.
Du hast verloren.
Ich bin jetzt dran.

Du stehst neben mir
und forderst mich heraus.
Den wolltest Du,
doch das ist aus!

Erwachsen

Dein Gesicht,
ich sehe Deine Augen.
Und ich weiß,
sie können es nicht glauben.

Nur mit Dir
war es wirklich schön.
Doch es ist vorbei,
denn ich muss jetzt gehen.

Ich folge der Freiheit,
dem einsamen Land,
um leben zu lernen
ohne Deine Hand.

Ich muss gehen,
winke Dir noch mal zu
bis zum Ende
und dann gehst Du!

In Dein Herz hinein

In meinem Kopf
strahlst Du mich an,
dass ich Dir nicht
widerstehen kann.

In meinen Träumen
lässt Du mich wissen,
dass Du Dich sehnst
nach meinen Küssen.

In meinem Bauch
kribbelst Du mich wach,
dass ich denke an
Dich Tag und Nacht.

In meinem Herz
gibt es nur Dich allein,
dass ich es so genieße
bei Dir zu sein.

In Deinem Lachen
finde ich mein Glück
und Du gibst es
mir tausendmal zurück.

Ein Tag

Noch einen Tag
ohne Dich lächeln zu sehen
eine Nacht
ohne Dich überstehen.

So viele Meilen
bist Du entfernt von mir.
So viele Stunden
warte ich schon hier.

Noch einen Traum
ohne Dich in meinem Arm
eine Kerze
hält mich nicht warm.

So viele Tränen
mein Herz sucht Dich schon.
So viele Sterne
scheinen auf und davon.

Noch einen Tag
ich sehne Dich herbei
eine Nacht
wann wirst Du bei mir sein?

Mein Weg zu Dir

Wie kann ich nur
in Deinen Armen bleiben,
Dir die Zweifel
an mir vertreiben?

Gibt es einen Weg,
der mich führt zu Dir?
Ich ziehe um die Welt
Tag und Nacht dafür.

Wie soll ich nur beweisen,
ich bin Dir so nah?
Mein Innerstes Dir zeigen,
alles ist so klar.

Finde ich den Schlüssel,
siehst Du in mich hinein.
Wie gerne würde ich
mit Dir zusammen sein.

Träne um Träne

Träne um Träne
ich bin so verloren.
Die Tage so lang,
alles schon erfroren.

Kampf um Kampf
ich kann nicht mehr.
Die Nächte so dunkel,
alles in mir leer.

Traum um Traum
wird doch niemals wahr.
Die Sonne verschwunden,
keine Freude mehr da.

Lüge um Lüge
brennt in mir drin.
Keine Sekunde
ohne Dich macht Sinn.

Ich halte ihn fest

Ich halte ihn fest
den Moment mit Dir.
Und all das Glück
kommt nur zu mir.

Ich trag ihn in mir
Deinen Blick auf mich.
Und all die Wünsche
erfüllen sich.

Ich hol ihn hervor
den geschenkten Kuss.
Und all die Sterne
strahlen vor Genuss.

Ich schenk es zurück
das Herz, das Du gibst.
Und all die Wärme,
dass Du mich liebst.

Du bist mein Wunder

Du bist meine Zuflucht,
in Dich kriech in hinein.
Wenn es draußen stürmt,
will ich bei Dir sein.

Du bist mein Abenteuer,
heizt meinen Mut an.
Die Welt ist nicht genug
und ich glaube daran.

Du bist mein Engel,
siehst das Gute in mir.
Ich drücke die Augen zu
und das wegen Dir.

Du bist mein Krieger,
stehst für mich ein.
Ich lerne siegen
und glücklich zu sein.

Du bist mein Wunder,
verzauberst meine Welt.
Ich träume Dich herbei,
wie es mir gefällt.

Ich lasse Dich nicht gehen

Ich habe viel zu oft geträumt
und nie die Wirklichkeit gesehen.
Ich habe viel zu viel versäumt
und dann sah ich Dich gehen.

In meine Welt kamst Du hinein,
als wärst Du's schon so lange Zeit.
Du brachtest mir den Sonnenschein
in meine tiefe Dunkelheit.

Du warst wie eine Fantasie
so schön und doch so wahr.
Meine Liebe erlischt nie,
bist Du auch nicht mehr da.

Nie habe ich Dir gezeigt,
was ich fühle für Dich.
Und seit so langer Zeit
hörst Du mich nicht.

Ich habe viel zu viel verloren
und Du kannst mich nicht verstehen.
Ich habe es mir geschworen,
ich lasse Dich nicht gehen.

Wie Du

Wie ein Traum, der nicht bleibt,
Wie ein Zug, der abfahren muss,
ist meine schönste Zeit
ein endender Genuss.

Wie ein Lied, das leise verklingt,
wie ein Moment, der vergeht,
kommt der Sturm, der alles nimmt,
der niemals mich versteht.

Wie ein Vogel, der frei fliegt,
wie ein Stück der Ewigkeit,
ich weiß, woran es liegt:
der Weg ist Dir zu weit.

Wie eine Träne im Herz aus Stein,
wie ein Wort, das niemand hört,
alles nur noch Schein,
was zu mir gehört.

Dich habe ich geträumt

Dich habe ich geträumt
tausend Jahre lang.
Du in meinem Leben
zündest mein Feuer an.

Dich habe ich erfunden
in meinem Kopf versteckt.
Du in meiner Welt
ich habe das Glück entdeckt.

Dich habe ich erwählt
in einer Sternennacht.
Du in meiner Fantasie
hältst die Hoffnung wach.

Dich habe ich geliebt
und kannte Dich doch kaum.
Du in Wirklichkeit
viel schöner als mein Traum.

Du drehst Dich um

Du drehst Dich um,
gehst fort von mir.
Ich kann es nicht verstehen.

Du warst das Licht
in meiner Welt.
Ich kann nicht weiter gehen.

Dein Traum ruft Dich.
Offen ist die Tür
und ich stehe nun allein.

Du strahltest
meine Tränen fort.
So wird es nicht mehr sein.

Du drehst Dich um,
siehst mein Gesicht,
siehst ganz in mich hinein.

Du nimmst die Hand,
ich reiche sie Dir
und Du bist wieder mein.

Verrückt

Träum von Dir
die ganze Nacht.
Denke an Dich
und werde wach.

Nehm Dein Bild
an jeden Ort.
Meine Sehnsucht
trägt mich fort.

Erwarte Dich
an der Station.
Sehe Dich,
da kommst Du schon.

Schaue so traurig,
Du bist nicht allein.
Jetzt werde ich nicht mehr
verrückt nach Dir sein.

Atemberaubend

Wie wundervoll
all meine Sterne glühen.
Ich halte es fest,
lass es immer blühen.

Wie traumhaft schön
meine Welt voller Licht.
Ich treibe dahin,
öffne die Augen nicht.

Wie atemberaubend
mein Traum ist endlich wahr.
Ich sehe Dich
und alles ist ganz klar.

Wie sicher und geborgen
mein Herz in Deiner Hand.
Ich fühle mich so gut,
seit ich Dich fand.

Wann?

Wie gerne würde ich
in Deinen Armen sein.
Träumen und fliegen
mit Dir allein.

Wie sehr möchte ich
in Deine Augen sehen.
Meinen Weg durchs Leben
mit Dir gehen.

Wie gerne würde ich
in Dein Herz schauen,
gemeinsam unsere
Zukunft bauen.

Wie sehr sehne ich mich
nur nach Dir.
Und wann stehst Du
vor meiner Tür?

Du bist bei mir

Ich schaffe es durch die Kälte,
weil Du bei mir bist.
Der Regen wird Silber,
wenn Du mich vermisst.

Ich komme durch den Sturm
in Deinem starken Arm.
Der Wind streichelt nur,
bei Dir fühle ich mich warm.

Ich bezwinge die Sorgen,
wenn Du mich liebst.
Die Welt lacht mich an,
weil Du es ihr befiehlst.

Ich erreiche den Himmel,
denn dahin führst Du mich.
Ich halte Dich ganz fest,
so sehr liebe ich Dich.

Wenn Du liebst

Wenn ich falle
und alles verlier,
dann bist Du bei mir.

Wenn ich weine
und grau ist meine Welt,
bist Du es, der mich hält.

Wenn ich zweifle
und fühle mich allein,
lässt Du mich glücklich sein.

Wenn ich bereue
und hilflos bin,
gibst Du allem einen Sinn.

Wenn ich sterbe
nur mit einem Blick,
holst Du mich zurück.

Du und ich

Du und ich
wir gingen Hand in Hand,
so schön,
als die Liebe uns fand.

Du und ich
wir blieben nie stehen
und wollten
nur den anderen sehen.

Du und ich
wir flogen mit dem Wind
so hoch,
wie nur Träume sind.

Du und ich
in unserer eigene Welt.
Sieh nur,
wie der Schleier fällt.

Du und ich
nur Tränen der Zeit.
Ich und Du
niemals Wirklichkeit.

Ich will Dich

Dich will ich
in meinem Leben.
Komm heraus aus meinem Traum!

Für Dich würde
ich alles geben
und doch siehst Du mich kaum.

Wie sehr suche ich
den Weg zu Dir
ganz egal wie weit.

Ich warte schon
so lange hier
auf Deine Zärtlichkeit.

In Dir liegt
meine ganze Welt.
Ich setze so viel auf Dich.

Und nun sieh
wie sie zerfällt:
ich verliere Dich.

Ich gehe durch die Welt

Ich gehe durch die Welt,
träume vor mich hin
und auf einmal gibt alles einen Sinn.

Ich quäle mich durch die Nacht,
mein Bett ist so leer
und plötzlich fällt Grübeln so schwer.

Ich spüre die Zeit
jede Minute ist ein großer Schritt
und unverhofft komme ich nicht mehr
mit.

Ich sehe kein Licht,
nichts läuft, wie ich es will
und schlagartig steht die Zeit still.

Ich treffe Dich,
lass Dich zu mir hinein
und endlich darf ich glücklich sein.

Dunkelheit

Nachts verfolgen mich Gedanken,
schlafe nicht mehr ein.
Die Dunkelheit hält mich gefangen,
und ich bin allein.

Mich foltern Träume,
sehe nur Dein Gesicht.
Selbst mit offenen Augen
verschwindet es nicht.

Worte schlagen zu,
die in mir verbrennen.
Es ist aus,
ich lerne Dich kennen.

Du bist zerstörend,
doch leider erst danach
und trotz allem
lieg ich schon wieder wach.

Ich falle

Ich falle
so tief und weit.
Ich falle
in meiner Einsamkeit.

Ich verliere
den Boden und Halt.
Ich verliere
und mir ist so kalt.

Ich weine,
fühle mich so leer.
Ich weine,
Atmen fällt mir schwer.

Ich träume,
Du wärst noch hier.
Ich träume,
Dich wieder zu mir.

Ich schwebe
in Gedanken um Dich.
Ich schwebe
und endlich findest Du mich.

Ich brauche Dich

Ich brauche Deine Hand,
um meinen Weg zu gehen.
Ich brauche Deinen Rat,
um die Welt zu verstehen.

Ich brauche Deine Augen,
um glücklich zu sein.
Ich brauche Deine Arme
im Dunkeln allein.

Ich brauche Dein Gefühl
für meine Sicherheit.
Ich brauche Deine Wärme,
sonst komme ich nicht weit.

Ich brauche alles von Dir,
gebe alles für Dich.
Ich brauche jedes kleine Stück,
doch Du bemerkst mich nicht.

Verlierer

Ich habe meine Träume verloren,
schön war es gewesen,
allein nur mit Dir.

Ich war in Deinen Armen geboren,
hab in Deinen Augen gelesen.
Du und ich – wir!

Ich habe Kämpfe verloren
gegen meinen Verstand.
Du hast gewonnen.

Ich habe im Feuer gefroren,
immer noch mehr verlangt.
So hat es begonnen.

Ich habe Träume geträumt
vom ewigen Paradies,
allein nur mit Dir.

Ich habe nie was versäumt,
bis Du mich verließt,
allein mit mir.

Ich habe Träume verloren,
mein Traum warst Du.
Es ist vorbei.

Ich werde neu geboren,
ich kann nichts dazu.
Mein Herz ist entzwei.

Ich will mehr

Ich begegne Dir
und fühle mich Dir nah.
Dass Glück mich finden kann,
war mir nie so klar.

Ich halte Deine Hand,
lass Dich in mich sehen.
Wie Liebe mich erfüllt,
wie wir uns verstehen.

Ich schließe meine Augen,
denn Du kennst den Weg.
Wie ein Traum in Wirklichkeit
- alles was zählt.

Ich kenne nur einen Teil von Dir
und ich will noch mehr.
Wie wundervoll ist meine Welt,
gebe Dich nicht mehr her.

Ich möchte so gerne

Ich möchte so gerne
die Sternschnuppen fangen.
Dann könntest Du
alle Wünsche verlangen.

Ich möchte so gerne
die Wolken vom Himmel lenken.
Dann würde ich sie
Dir alle schenken.

Ich möchte so gerne
das Paradies stehlen.
Dann würde Dir
nie wieder etwas fehlen.

Ich möchte so gerne
Dir die Welt zu Füßen legen.
Du hättest so viel
Glück auf Deinen Wegen.

Ich möchte so gerne
Dein Lächeln für mich.
Ich gebe Dir meine Hand
ich liebe Dich.

In meiner Liebe

In meinen Träumen
hatte ich Dich
schon so lang im Arm.

Wie sehr sehnte
ich Dich herbei,
wusste ich, was kam.

In meinen Händen
spürte ich Deine
lange vor der Zeit.

Wie oft weinte ich,
mein Glück
war noch weit.

In meinen Nächten
warte ich nur
auf Dich ganz allein.

Wie sehr hoffte ich,
von Dir
geliebt zu sein.

In meinem Leben,
gab schon fast auf,
findest Du zu mir.

Wie einen Schatz
behalte ich Dich.
Ich gehöre zu Dir.

Tränen

Du läufst auf unserer Straße
mit ihr entlang.
Die Straße, wo es
mit uns begann.

Sie ist Dir sicher
treuer als ich
und kümmert sich
auch mehr um Dich.

Doch wenn ich Euch sehe,
dann könnte ich weinen.
Eure Blicke zueinander,
ihre Hände in Deinen.

Genauso gingen wir
unsere Straße hinab
vor langer Zeit,
als es uns noch gab.

Ich wünsche Dich zurück,
kann ohne Dich nicht sein.
Ich halte es nicht mehr aus,
kannst Du mir verzeihen?

Gib mir

Gib mir meine Sicherheit,
meinen Halt zurück.
Gib mir unsere Ewigkeit
jeden Augenblick.

Gib mir Deine Zärtlichkeit,
Deine Wärme wieder.
Gib mir Deinen starken Arm,
unsere Liebeslieder.

Gib mir meine Träume,
meine Hoffnung zurück.
Gib mir unsere Liebe
und Deinen lieben Blick.

Gib mir Deine Treue
und unser Glück:
gib mir doch
mein Herz zurück.

Ich wünsche mir

Ich wünsche Dich
sofort hier her,
denn hier musst Du sein.

Ich wünsche mich
hin zu Dir,
denn ich bin allein.

Ich wünsche mir
von Dir
immer nur geliebt zu werden.

Ich wünsche mir,
wir hätten
niemals Beschwerden.

Ich wünschte,
wir müssten
uns niemals trennen.

Ich wünschte,
ich würde
Dich besser kennen.

Ich wünsche sehr,
Dir einmal zu gehören.

Ich wünsche sehr,
dass wir glücklich wären.

Ich wünschte,
ich gäb Dir
mein Herz irgendwann.

Ich wünschte,
ich hätte jemanden,
zu dem ich das sagen kann.

Ich liebe es

Ich liebe es,
Dich zu halten,
mein Heim
mit Dir zu gestalten.

Ich liebe es,
Dich anzuschauen
von Kopf bis Fuß
und voll Vertrauen.

Ich liebe es,
Dich zu begleiten
so viele Stunden,
so schöne Zeiten.

Ich liebe es,
Dich in mir zu tragen,
all meine Geheimnisse
nur Dir zu sagen.

Ich liebe es,
mit Dir zu leben.
Ich würde alles
für Dich geben.

Ich halte es nicht mehr aus

Deine Zeit ist längst vorbei,
ich müsste Dich vergessen.
Leider ist das nicht so leicht,
ich war so auf Dich versessen.

Die Zeit heilt Wunden,
doch kittet sie auch
ein zerbrochenes Herz,
das Dich immer noch braucht?

Ich finde keine Lösung
und will auch nicht versuchen,
über Dich zu lästern
und Dich zu verfluchen.

Du hast mich gefesselt,
ich komme nicht mehr los.
Du hast ein Feuer gelegt,
wie lösch ich es bloß?

Ich halte es nicht mehr aus
nicht einen Augenblick.
Ich bitte Dich von Herzen,
komm zu mir zurück!

Zauber

Dein Zauber strahlt in meine Welt:
ich ergebe mich.
Wie meine Hand in Deine passt
und ich wähle Dich.

Du bist pures Gold,
mehr brauche ich nicht.
Wie Dein Name für mich singt,
ich verliebe mich.

Deine Liebe ist magisch,
weckt so viel in mir.
Da ist so viel Zärtlichkeit,
ich will zu Dir.

Du bist mein Traum
und doch bist Du wahr.
Du bist für mich gemacht
und endlich bist Du da.

Es tut mir leid

Mein Himmel ist leer,
keine Sterne zu sehen.
Alle Träume vergangen
und es war so schön.

Mein Licht ist fort,
keine Sonne scheint mehr.
Alle Hoffnung verloren
und es brennt so sehr.

Mein Wald ist dunkel,
keine Stimmen zu hören.
Alle Engel verschwunden
und es wird mich zerstören.

Mein Leben ist Trauer,
meine Liebe ist weit.
Alle Tränen geweint
und es tut mir so leid.

Jeder Tag ein Traum

Da ist ein Lächeln
in meinen Augen.
Jeder Tag ein Traum für mich.

Da ist Sonne
in meiner Seele.
Mein Leben ist schön durch Dich.

Da ist Kribbeln
in meinem Bauch.
So verliebt wie am ersten Tag.

Da ist Glück
in meinem Blick.
Mein Gefühl für Dich ist so stark.

Da ist Feuer
in meinem Traum
und Du machst ihn wahr.

Da ist ein Leuchten
in meinem Leben.
Du bist einfach wunderbar.

Wohin?

Der Zug fährt ab
in weite Ferne.
Er nimmt sie mit:
meine Hoffnung.

Das Flugzeug startet
hinauf zu den Wolken.
Es nimmt sie mit:
meine Träume.

Das Schiff läuft aus
über das Meer.
Es nimmt sie mit:
meine Liebe.

Die Stunde ist da
und traurig ist sie.
Sie heißt Abschied.

Ein neuer Anfang

Träume, die sich nie erfüllen.
Liebe, die so schnell vergeht.
Wolken, die den Himmel füllen.
Glaube mir, es ist schon spät.

Herzen, die verlassen sind.
Kinder, die nicht lachen können.
Totenstiller Sommerwind.
Jetzt musst Du die Wahrheit kennen.

Lieder ohne Melodie
Reime ohne tiefen Sinn
Gerechtigkeit erfüllt sich nie
Zeit für einen Neubeginn!

Lass Liebe Deine Welt regieren.
Liebesgedichte.

Gedichte sind Zeilen mit
verstecktem Sinn.
Kannst Du sie entziffern,
weißt Du, wie ich bin.
Hol mir die Sterne vom Himmel und
träume mit mir in meiner Welt,
in der die Liebe regiert.

Aktuelle Gedichte und Infos findet Ihr
unter

https://traumvondir.hpage.com

Alles über den Glitzerseewald erfahrt
ihr hier:

https://www.glitzerseewald.de

Auf Wunsch erhaltet Ihr Euer Buch auch
signiert.

Viel Spaß beim Lesen!